Mister Gogo

Pinsel

ing Kofi

Julia Boehme

Tafiti
und das verschwundene Geburtstagskind

Tafitis Welt:

www.TafitisWelt.de

Julia Boehme

Tafiti
und das verschwundene Geburtstagskind

Illustriert von Julia Ginsbach

Loewe

FSC
www.fsc.org
MIX
Papier aus ver-
antwortungsvollen
Quellen
FSC® C015559

ISBN 978-3-7855-8846-8
1. Auflage 2018
© 2018 Loewe Verlag GmbH, Bindlach
Illustrationen: Julia Ginsbach
Umschlaggestaltung: Michael Dietrich
Printed in Poland

www.TafitisWelt.de
www.loewe-verlag.de

Inhalt

Große Geburtstagsüberraschung

Die Regenzeit ist fast vorbei. Aber heute trommeln noch einmal unzählige dicke Tropfen auf den Savannenboden. Durch den dichten Wasservorhang ist kaum etwas zu sehen. Und wer draußen ist, wird von einem Moment auf den anderen klatschnass. Da bleiben selbst Tafiti und Pinsel lieber in der Erdmännchenhöhle.

Außerdem haben sie jede Menge zu tun. Tafitis Bruder Tutu hat nämlich morgen Geburtstag und da brauchen sie natürlich Geschenke.

Zusammen sitzen sie in ihrem Zimmer. Pinsel malt ein wunderschönes Bild für Tutu. Eifrig tunkt er seine Ohren in die Farbe. Wozu ist er ein Pinselohrschwein?!

Und Tafiti schnitzt seit Tagen schon an einer Flöte. Tutu liebt Musik und alles, was damit zu tun hat.

Damit Tutu sie nicht erwischt und die Überraschung vermasselt, verrammeln sie die Tür.
Und wer kommt natürlich vorbei? Tutu! Er
rüttelt an der Klinke.

„Nanu? Warum ist da zu?", ruft er ver-
wundert. „Lasst mich rein!"

„Nein", grunzt Pinsel.

„Doch", widerspricht Tutu.

„Geht nicht", antwortet Tafiti.

„Natürlich geht das", behauptet Tutu.

„Nein, tut uns leid", sagt Tafiti hinter verschlossener Tür.

„Tut euch gar nicht leid!", ruft Tutu sauer. „Immer hängt ihr zusammen. Ihr seid echt gemein!"

„Aber Tutu", grunzt Pinsel. „Das stimmt doch gar nicht!"

Überraschung hin oder her – Tafiti und Pinsel öffnen die Tür. Aber da ist Tutu schon verschwunden. Mit einem Knall schlägt seine Zimmertür zu.

Tafiti klopft zaghaft an. „Dürfen wir reinkommen?"

Und als keine Antwort kommt, drückt er vorsichtig die Klinke hinunter. Aber Tutu hält seine Zimmertür zu.

„Tutu, lass uns rein, bitte!", ruft Tafiti.

„Nein, ihr habt mir ja auch nicht aufgemacht", brummt Tutu.

„Aber es war doch wegen deines Geburtstags!", erklärt Pinsel.

„Mir doch egal", ruft Tutu zurück.

Und die Tür bleibt zu.

So bekommt Tutu auch gar nicht mit, dass sie später Besuch bekommen. Die alte Matemba nutzt eine Regenpause, um vorbeizuschauen.

Freundlich winkt sie mit dem langen Rüssel
zur Höhle hinein. Und Omama, Opapa, Tafiti
und Pinsel kommen zu ihr nach draußen. Ein
Elefant ist für eine Erdmännchenhöhle nämlich
einfach zu
groß!
  „Morgen
hat doch Tutu
Geburtstag",
weiß Mama
Matemba. „Und
weil er doch Musik
so mag, wollen wir
ihm ein Ständ-
chen bringen."

„Das ist ja wunderbar!", ruft Omama entzückt. „Wie wäre es gleich am Morgen? Dann können wir danach alle zusammen frühstücken?"

Opapa nickt. „Das Geburtstagsfrühstück ist bei uns immer etwas Besonderes!"

„Ja, da gibt es Kuchen!", grunzt Pinsel und schleckt seine Schnauze. Wenn es nach ihm ginge, müsste eigentlich jeder Tag Geburtstag sein.

„Abgemacht", trötet Mama Matemba. „Wir sehen uns morgen!"

Und damit stampft sie davon.

„Wir müssen auch noch die anderen einladen", ruft Tafiti.

„Los, Pinsel, das machen wir jetzt. Es regnet gerade nicht!"

„Es wird auch nicht mehr regnen. Die Regenzeit ist vorbei", verkündet Omama.

„So?" Opapa schaut sie ungläubig an.

„Das sagt mir meine Schwanzspitze", erklärt Omama. „Und auf die ist Verlass."

„Wenn du meinst …" Opapa schiebt etwas umständlich seine Brille zurecht. Omamas Schwanzspitze hat er noch nie getraut.

„100-prozentig!", stellt Omama klar.

„Umso besser", grunzt Pinsel. „Dann mal los, Tafiti!"

Opapa hebt die Pfote. „Passt nur auf, wenn ihr über den Fluss wollt. Ihr wisst ja: Wer von der Strömung erfasst wird, …"

„… der kommt nie zurück!", beendet Tafiti den Satz. Den kann er auswendig. Opapa hat ihnen das schon tausend Mal gesagt.

„Keine Sorge", grunzt Pinsel. „Wir passen auf!"

Die meiste Zeit des Jahres ist der Fluss nahe
der Erdmännchenhöhle nichts weiter als ein
kleines Rinnsal, das man bequem mit einem
kleinen Sprung überqueren kann. Jetzt aber,
nach der Regenzeit, ist das Flussbett voller
Wasser. Und der Fluss so breit, dass man ein
Boot braucht, um ans andere Ufer zu kommen.
Zumindest als Erdmännchen.

„Denkt an die Strömung!", ruft Opapa noch-
mals.

Die ist tatsächlich nicht zu unterschätzen.
Aber Pinsel ist stark.

„Ich schaff das schon!", grunzt er und rudert
los.

Ein klein wenig werden sie tatsächlich abge-
trieben. Dennoch erreichen sie sicher das
andere Ufer.

Hau-ruck! Sie ziehen das Boot an Land und
laufen los, um ihre Freunde einzuladen.

„Wir haben nur ein Problem", meint Opapa am
Abend. „Wenn die Elefanten kommen, können
wir nicht wie sonst im Wohnzimmer feiern."

„Dann frühstücken wir eben im Garten", ruft
Tafiti.

„Cool", schnauft Pinsel. „Da gibt es dann
nicht nur einen Geburtstagsblumenstrauß,
sondern ganze Blumenbeete!"

„Aber ja!" Omama klatscht in die Pfoten.
„Tutu wird Augen machen!"

Ein letzter Regenschauer

Kaum geht am nächsten Morgen
die Sonne auf, stehen Omama,
Opapa, Tafiti und Pinsel auf.
Ganz leise natürlich. Selbst
Baba ist schon wach. Nur
Tutu schlummert noch in seinem
Bett. Bevor er aufwacht, gibt es noch jede
Menge vorzubereiten. Schließlich soll es ein
super Geburtstag werden.

Tafiti und Pinsel decken im Garten den Frühstückstisch und bauen die Geschenke auf. Omamas Schwanzspitze hat sich nicht getäuscht: Der Himmel ist blau, kaum ein Wölkchen ist zu sehen.

„Glaubst du, mein Bild wird ihm gefallen?", fragt Pinsel.

„Klar doch!", sagt Tafiti. „Und meine Flöte?"

„Na logo!", grunzt Pinsel.

„Ich hoffe, das reicht für alle!" Omama schleppt einen Kuchen nach dem anderen aus der Küche. Opapa kocht gleich kannenweise Kakao. Wenn Elefanten zu Besuch kommen, kann man gar nicht genug auftischen!

Tafiti und Pinsel hängen währenddessen Luftballons und bunte Fähnchen auf.

Da kommen auch schon die ersten Gäste: Pix und Pax, die Stachelschweine, Gina, die Giraffe, Chifu und seine Affenbande und schließlich auch Mama Matemba mit ihrer Blaskapelle. Selbst Kukukifuku schaut vorbei. Eigentlich geht er schlafen, wenn die Sonne aufgeht.

„Heute bleibe ich etwas länger wach", meint er und gähnt.

Alle legen ihre Geschenke auf den Gaben-
tisch.

„Wir haben ein Kuscheltier gestrickt", verrät
Pix.

Die Affen verschenken Kokosnüsse und Gina
Halsbonbons.

„Sollen wir helfen?" Die Affen schnappen
sich Laternen und Girlanden und turnen flugs
den großen Baum hinauf, um alles aufzu-
hängen.

Inzwischen strahlt die Sonne hell am Himmel. Alles ist gedeckt und vorbereitet. Zeit fürs Frühstück. Jetzt fehlt nur noch Tutu.

Der rekelt sich in seinem Bett. Noch bevor er seine Augen aufschlägt, fällt ihm ein, dass heute ein ganz besonderer Tag ist: sein Geburtstag!

„Juhu!" Sofort springt Tutu aus dem Bett.

Er weiß genau, was ihn erwartet: ein köstliches Frühstück, lauter Geschenke und überhaupt ein wundervoller, toller Tag!

Tutu flitzt ins Wohnzimmer und schnappt nach Luft. Was? Der Frühstückstisch ist ja noch gar nicht gedeckt! Und Geschenke gibt es auch nicht! Ist er etwa zu früh aufgewacht? Schnell schaut Tutu nach, ob die anderen verschlafen haben: Aber alle Betten sind leer!

Das kann doch nicht sein! Tutu schluckt. Denn Omama, Opapa, Tafiti, Baba und Pinsel haben seinen Geburtstag vergessen! Allesamt!

Tutu muss sich erst einmal setzen. Und dann ist doch noch einmal Regenzeit: Unzählige dicke Tropfen klatschen auf den Boden – nicht

draußen, sondern drinnen in der Erdmännchenhöhle. Doch wie auch der Regen hören
die Tränen irgendwann auf. Tutu schnäuzt in
Omamas Küchenhandtuch.

„Die sind selber schuld, wenn sie meinen
Geburtstag vergessen", schnieft er. „Ich werde
schon jemanden finden, der mit mir feiert,
jawohl!"

Tutu nimmt den kleinen versteckten Notaus-
gang hinter der Besenkammer. Seinen Lieb-
lingsausgang. Da ist er schon fast am Fluss.
Und dort muss er hinüber, wenn er Freunde
zum Feiern finden möchte.

Tutu schiebt das Boot ins Wasser und springt hinein.

Er ist noch nie alleine mit dem Boot gefahren. Aber er schafft das. Er ist ja schon groß. Schließlich hat er heute Geburtstag!

Tutu löst den Knoten, mit dem das Boot am Ufer vertäut ist, und rudert los. Schon erfasst die Strömung das Boot. Man muss ganz schön stark sein, um sich dagegen zu behaupten. Stärker als Tutu: So heftig er auch rudert, die Strömung reißt sein Boot mit sich fort.

„Hilfe!", ruft Tutu. „Hilfe!"

Weglaufen und mit Freunden feiern ist eine Sache. Wiederkommen eine andere. Und natürlich wollte Tutu nur mal kurz verschwinden. Eine halbe Stunde vielleicht, wenn's hochkommt. Aber doch nicht für immer! Doch wen die Strömung erwischt, der kommt niemals wieder, sagt Opapa immer.

„HILFE!", schreit Tutu noch einmal, so laut er kann.

Laut genug, dass es die anderen im Garten hören.

„Ist das nicht Tutu?" Tafiti stürmt sofort los.

Pinsel galoppiert hinterher. Auch Omama und Opapa laufen, so schnell sie können. Und da sehen sie gerade noch, wie Tutu auf dem Fluss davongetrieben wird.

„Tutu!", rufen sie entsetzt.

„Helft mir!", schreit Tutu, bevor er hinter der Flussbiegung verschwindet.

Tafiti und Pinsel schauen sich an. Natürlich helfen sie. Aber wie?

„Wir brauchen ein Boot!", ruft Tafiti.

„Das Boot hat Tutu", seufzt Opapa. „Und ein zweites haben wir nicht."

„Aber zu Fuß holen wir ihn niemals ein!

Wir brauchen ein Boot, irgendeins!" Tafiti
flitzt in die Höhle und schaut sich um. Und da
entdeckt er Omamas hölzernen Waschtrog.
Der ist nicht gerade groß, aber es wird schon
irgendwie gehen. Es muss einfach!

„Komm, Pinsel, wir haben keine Zeit zu ver-
lieren!", ruft Tafiti.

Und während das Schwein den Trog nach
draußen schleppt, schnappt sich Tafiti schnell
noch eine Schaufel als Paddel.

„Aber ihr könnt doch nicht …", ruft Omama.

Doch, sie können: Tafiti und Pinsel haben ihr Boot bereits zu Wasser gelassen und springen hinein. Schon hat die Strömung sie erfasst und sie treiben den Fluss hinab.

Am Ufer stehen Omama und Opapa und schlagen die Pfoten über den Köpfen zusammen.

„Ojemine, wenn das nur gut geht", jammert Omama.

„Das kann nicht gut gehen", brummt Opapa. „Niemals!"

Auf dem reißenden Fluss

Der Trog dreht sich. Kipplig ist es und Wasser
schwappt über den Rand. Aber sie kommen
voran – und das ist die Hauptsache. Tafiti versucht, mit der Schaufel auf Kurs zu bleiben.
Das ist nicht gerade einfach: Eine Schaufel
ist nicht eben das beste Ruder. Und der Fluss
schlängelt sich im Zickzack durch die
Savanne.

Hin und wieder sehen sie von Weitem Tutu in seinem Boot. Doch bei der nächsten Biegung ist er schon wieder verschwunden.

„Halt, *f*stehen bleiben!", faucht es plötzlich.

Am Ufer steht Seine hochwohlgeborene Löwenmajestät King Kofi.

„Erdmännchen haben an Land zu *f*sein", befiehlt er. „Und *f*Schweine auch! Wo kommen wir denn da hin, wenn die Braten neuerding*f*s auf dem Wa*f*sser fahren. *f*Sapperlot!"

„Wenn du uns fressen willst, muss du uns schon holen", ruft Tafiti frech.

Der Löwe verzieht sein Gesicht. Vorsichtig tunkt er eine Kralle in die Fluten und zieht sie blitzschnell wieder heraus.

Tafiti und Pinsel fahren johlend an ihm vorbei. „Wohl wasserscheu?", lachen sie.

„Ich? Wa*f*s? I wo!", faucht King Kofi. „Und ihr kommt *f*sofort an*f*s Ufer!"

„Tut uns leid, aber wir sind landscheu. Vor allem, wenn da Löwen sind!", ruft Tafiti.

„Unver*f*schämtheit!", brüllt Seine Majestät.

Doch Pinsel und Tafiti fahren winkend davon.
King Kofi wird ihnen diesmal kein Kopf-
zerbrechen machen. Dafür gibt es ein anderes
Problem.

„Das Vertrackte ist, dass Tutu und wir gleich
schnell sind", meint Tafiti. „Er wird von der
Strömung mitgerissen und wir werden von der
Strömung mitgerissen. So holen wir ihn nie
ein!"

„Dann müssen wir eben doller rudern", grunzt
Pinsel und paddelt mit dem Spaten, so gut es
geht. Aber wirklich schneller sind sie damit
auch nicht.

„Wir können nur hoffen, dass Tutu irgendwann ans Ufer treibt", überlegt Tafiti.

„Hoffentlich treiben wir dann auch ans Ufer",
schnauft Pinsel. „Sonst fahren wir nämlich an
ihm vorbei. Und vorbeifahren ist fast schlimmer
als hinterher!"

Tafiti nickt. Vielleicht hätten sie doch nicht
so schnell in Omamas Waschtrog springen
sollen? Aber andererseits, wenn sie erst lange
überlegt hätten, wäre Tutu längst auf und
davon. Da ist es schon besser so!

Auch wenn es nur wenig zu helfen scheint:
Pinsel und Tafiti lösen sich mit dem Spaten-
paddel immer wieder ab. Ihre Arme werden
langsam lahm. Aber egal, sie müssen Tutu unbedingt erwischen! Über das tosende Wasser
hören sie seine verzweifelten Hilferufe.

Wären die beiden Freunde nicht so besorgt,
sie würden die Flussfahrt genießen. Die
Regenzeit hat die sandige Savanne in eine
grüne Welt verwandelt. Mit lauter bunten
Blumen und Blüten. Je weiter sie fahren, desto
üppiger wird die Pflanzenwelt. Büsche und
Bäume wachsen am Ufer. Lange Äste reichen
über das Wasser. Und daran hängen
reife Früchte. Wenigstens das
fällt Pinsel schließlich auf.
Denn er hat
Hunger.

„Schau mal da! Das sieht lecker aus!", grunzt er und schleckt sich die Schnauze. „Lass uns versuchen, eine davon zu pflücken. Wir haben nicht mal gefrühstückt!"

Tafiti schüttelt streng den Kopf. „Frühstücken können wir später, erst einmal müssen wir Tutu retten."

„Wir müssen dafür ja nicht mal anhalten!" Pinsel streckt die Vorderbeine nach oben und versucht, eine der Früchte zu erhaschen. Doch

sie hängen zu hoch. Nur einen kleinen Tick.
Pinsel hopst auf und ab. Das macht sich in
einem schwimmenden Waschtrog allerdings
nicht so gut, denn nach jedem Sprung
schwappt eine gehörige Portion Wasser hinein.

„Nicht, Pinsel!", ruft Tafiti. „Hör auf!"

Pinsel starrt auf seine nassen Hufe.

„Ups, Entschuldigung", murmelt er.

Aber dann hüpft er gleich nochmal. Lieber etwas Wasser im Boot als verhungern.

Das Dumme ist nur, dass er die Frucht schon wieder nicht erwischt.

„Mist!", schnauft er.

Da entdeckt er vor ihnen eine schwimmende Affenbrotfrucht. Die muss er erwischen!

„Gib mal das Ruder!" Pinsel schnappt sich die Schaufel und paddelt wie verrückt. Und wirklich: Sie kommen näher und näher.

„Hier, mach weiter!" Pinsel drückt Tafiti die Schaufel in die Pfoten und macht sich bereit, die Frucht zu schnappen.

„Pinsel, pass auf!", ruft Tafiti.

„Wieso?" Aber da sieht Pinsel es auch.

Nicht nur er hat Hunger, sondern auch die Krokodile. Und die wollen kein Obst, sondern Schweinebraten. Schon umkreisen sie Omamas Waschbottich.

Pinsel wird blass, als er die vielen scharfen Zähne sieht.

„King Kofi in Grün", raunt er Tafiti zu.

Was hilft es, dass Löwen wasserscheu sind, wenn es Krokodile gibt?

Tafiti nickt. „Aber solange wir im Boot sind, kriegen sie uns nicht."

Das ist auch den Krokodilen aufgefallen.

„Na, hol dir schon dein Frühstück!" Ein
Krokodil zwinkert listig und stupst mit der
Schnauze die Frucht ganz nah an den Bottich.
    Aber Pinsel bleibt stark. „Mir ist der Appetit
vergangen", grunzt er leise.

PLATSCH! Ein Stück vor ihnen plumpst etwas
ins Wasser. Diesmal aber keine Frucht, sondern ein kleines Affenkind! Ein Pavianbaby. Es
muss vom Ast abgerutscht sein. Es rudert mit
den Armen. „Mami!", kreischt es. „Mami!"

Doch statt der Mama kommen blitzschnell die Krokodile angeschossen. Schon ist das Kleine umzingelt.

„Das gehört mir", zischt das eine Krokodil.

„Nein, mir", knurrt das andere.

„Ich hab's zuerst gesehen", mault ein anderes.

Den Streit nutzt Tafiti aus. Er paddelt wild mit dem Spaten. „Wir müssen den Kleinen retten!"

Auch wenn es vielleicht wenig nützt, Pinsel hilft und rudert mit den Hufen. So gelingt es ihnen irgendwie, sich zwischen den Krokodilen hindurch zu manövrieren.

„Schnapp es dir!", ruft er Pinsel zu.

Pinsel beugt sich gefährlich weit vor und packt zu, gerade als eins der gefräßigen Krokos zuschnappen will.

Doch es klappt: Pinsel hat den Kleinen gerettet. Sofort klammert sich das Äffchen an seinen Retter. Die beiden Ärmchen sind fest um Pinsels Hals geschlungen.

„Du bist mir ein schönes Früchtchen", grunzt Pinsel leise. „Hab keine Angst. Wir passen auf dich auf!"

Aufgeregt turnen die Paviane von einem Baumwipfel zum nächsten. „Juhu!", jubeln sie. „Danke! Jetzt kommt ans Ufer!"

Tafiti schaut das Affenbaby an. Natürlich muss es zurück zu seiner Mama. Aber wenn sie jetzt an Land fahren, haben sie Tutu vielleicht für immer verloren.

Das Kleine liegt ruhig in Pinsels Armen.
Pinsel wiegt es und grunzt ein Liedchen dazu.
Dem kleinen Pavian scheint das zu gefallen.

„Los, ans Ufer!", schreien die Affen.

„Wir müssen erst meinen Bruder retten", erklärt Tafiti. „Dann bringen wir euch den Kleinen sofort zurück!"

„Was?" Die Paviane schnattern aufgeregt.

Pinsel schaut Tafiti an. „Hast du schon mal daran gedacht, wie wir zurückkommen sollen?", fragt er. „Der Fluss ist eine Einbahnstraße. Gegen die Strömung kommen wir nicht an. Nicht einen Zentimeter!"

„Ich weiß", murmelt Tafiti. „Aber man kann immer nur ein Problem auf einmal lösen, sagt Omama immer. Erst retten wir Tutu. Dann bringen wir das Kleine zurück. Und dann sehen wir zu, wie wir wieder nach Hause kommen. Eins nach dem anderen. Wir finden schon eine Lösung. Irgendwie."

„Na, hoffentlich", schnauft Pinsel. Also er hat keinen blassen Schimmer, wie das alles gehen soll.

Verloren!

Tafiti paddelt wie verrückt. Sie müssen endlich Tutu einholen! Und wirklich: Sie werden immer schneller.

„Wir nehmen richtig Fahrt auf", grunzt Pinsel anerkennend.

Tafiti schaut den Fluss entlang. Aber Tutu ist immer noch nicht zu sehen.

So schnell das Boot fährt, die Paviane sind schneller. Mit rasanten Sprüngen preschen sie durch die Baumkronen und haben Tafiti und Pinsel längst überholt. Ein paar Fluss-biegungen später warten sie auf die beiden Freunde und werfen ihnen von den Bäumen lange Lianen zu.

„Haltet euch daran fest, dann können wir euch ans Ufer ziehen!", brüllen sie über die tosenden Fluten.

„Später, bitte", ruft Tafiti. „Wir müssen doch erst Tutu einholen!"

„Jetzt!", schreien die Affen schrill. „Das ist die letzte Chance!"

„Letzte Chance?" Tafiti schluckt. „Wieso?"

„Nehmt die Lianen, los!",
brüllt da eine vertraute Stimme.
Tafiti schaut zum Ufer. Da steht ja Tutu!
„Schnell, die Affen haben mich damit
auch an Land gezogen", ruft Tutu.

„Tutu ist gerettet!", jubelt Tafiti. „Juhu!"

„Schnapp die Liane", grunzt Pinsel. Er hat immer noch das Baby auf dem Arm. „Schnell!"

Aber da sind sie schon an der letzten Liane vorbei.

„Tafiti! Pinsel!", schreit Tutu verzweifelt.

„Sie sind verloren!", kreischen die Paviane und halten sich Augen und Ohren zu.

Verloren? Ach was! Sie werden es schon irgendwie ans Ufer schaffen. Doch wie sie auch paddeln, der Fluss zerrt sie in seine Mitte und das Boot wird schneller und schneller. Und was noch schlimmer ist: Das Brausen und Tosen, das sie schon seit einer Weile hören, steigert sich zu einem Brüllen. Ein Brüllen, das lauter und gefährlicher klingt als King Kofi.

„Da kommt ein Wasserfall!", ruft Tafiti und seine Schnurrhaare zittern.

Den beiden Freunden wird heiß und kalt. Was sollen sie jetzt bloß machen? Wenn nicht gleich ein Wunder passiert, stürzen sie in die Tiefe! Sie rasen direkt auf den Abgrund zu!

„Besser nicht hingucken!" Pinsel drückt das Paviankind an sich und macht die Augen zu.

RUMMS!

Was war das? Vorsichtig macht Pinsel die Augen wieder auf: Sie sind auf einen Felsen gefahren. In letzter Sekunde, was für ein Glück!

Zu dumm nur, dass der graue Fels gar kein Fels ist, sondern ein Nilpferdpopo.

„Was fällt euch ein! Lümmel!", schimpft die Nilpferddame.

„Halt, stopp! Nicht bewegen, sonst sind wir verloren!", grunzt Pinsel.

Die Nilpferddame wackelt missmutig mit den Ohren.

„Wir bitten höflichst um Entschuldigung. Das war keine Absicht", erklärt Tafiti. Er räuspert sich. „Ohne Sie wären wir den Wasserfall hinuntergestürzt. Sie sind eine Heldin! Sie haben uns das Leben gerettet! Ganz herzlichen Dank!"

„So, so, das hört sich schon besser an", schnauft das Nilpferd. „Ihr dürft mich Fräulein Ottilie nennen", erlaubt sie gnädig.

„Bitte helfen Sie uns!", quiekt Pinsel.

„Und wie?", fragt Ottilie.

„Ziehen Sie uns ans Land", grunzt Pinsel.

„Wie stellt ihr euch das vor?", fragt Fräulein Ottilie empört. Sie hat vier Beine, und die braucht sie zum Stehen, sonst reißt die Strömung sie auch noch mit.

„Wir könnten auf Ihnen ans Ufer reiten", überlegt Tafiti.

„Wie bitte?" Das passt dem Fräulein ganz und gar nicht. Und außerdem gibt es da ein Problem. „Ich stehe hier auf einer Sandbank. Das Wasser drumherum ist deutlich tiefer. Und ich schwimme nicht. Ich laufe."

Tafiti schluckt. Unter Wasser lässt es sich schlecht reiten.

„Dann rühren Sie sich bitte nicht vom Fleck", bittet er. „Bis uns was einfällt!"

Fräulein Ottilie schnaubt unwillig.

„Sie wollen doch nicht, dass dem Baby etwas passiert?", fragt Pinsel.

Das Paviankind schaut die Nilpferddame mit großen Augen an.

„Na gut", meint Fräulein Ottilie großzügig. „Ein bisschen kann ich ja noch hier stehen bleiben."

„Das wäre toll", seufzt Tafiti.

Pinsel und er gucken sich an. Wie kommen sie nur ans Ufer?

Tutu und die Paviane hocken ratlos am Strand. Sie haben auch keine Ahnung.

Torte für alle

Plötzlich hört man ein Tröten und Trampeln.
Das kann nur Mama Matemba sein. Und tatsächlich kommt sie mit ihrer Elefantenherde
angestapft.

„Ach, du liebe Güte!", trompetet sie. „Das war
knapp!"

Schon watet sie durch den Fluss, angelt den Waschbottich mit ihrem Rüssel und zieht ihn an Land.

„Das wurde ja auch Zeit", grummelt Fräulein Ottilie und marschiert ebenfalls Richtung Ufer. Und zwar unter Wasser.

Am Ufer überreicht Pinsel den kleinen Pavian seiner Mama.

„Habt tausend Dank!", ruft sie beglückt und drückt den Kleinen an sich. „Tumbilli, mein kleiner Schatz!"

Auch Tutu und Tafiti fallen sich in die Arme.

„Ich bin ja so froh, dass du gerettet bist", ruft Tafiti.

„Und ich erst", seufzt Tutu.

„Warum bist du denn bloß weggefahren?", fragt Pinsel.

„Weil ihr meinen Geburtstag vergessen habt", murmelt Tutu.

„Das haben wir doch gar nicht!", ruft Tafiti.

„Wir wollten bloß im Garten feiern", erklärt Pinsel.

Tutu macht große Augen. „Ehrlich?"

„Aber ja", mischt sich Mama Matemba ein.
„Weil wir doch mitfeiern wollten!" Sie dreht sich
zu ihrem Trupp um. „Ständchen", posaunt sie.
   Und die Elefanten trompeten los und alle
anderen singen mit:

„Happy birthday, lieber Tutu!"

„Danke!", ruft Tutu gerührt.

„Jetzt brauche ich ganz dringend ein riesengroßes Stück Geburtstagstorte!", seufzt Pinsel.

„Das brauchen wir wohl alle", meint Tafiti.

„Dann auf nach Hause", schlägt Mama Matemba vor.

„Ihr seid alle zu meinem Geburtstag eingeladen!", ruft Tutu.

Die Paviane sind begeistert. Auch Fräulein Ottilie hätte gerne Kuchen.

„Ist es weit?", fragt sie. Sie läuft nicht gerne lange Strecken.

„Wer nicht laufen will, reist huckepack", bietet Mama Matemba an.

Mit Lianen werden die beiden Boote aufgeschnallt. In einem reist Fräulein Ottilie. Im anderen sitzen Tutu, Pinsel und Tafiti. Der kleine Tumbilli und seine Mama und der Rest der Paviane reiten auf dem Elefanten.

„Zum Glück ist der Weg ganz einfach", meint
Pinsel. „Immer am Fluss entlang!"

„Ach was, der schlängelt sich ewig dahin!",
trötet Mama Matemba. „Ich weiß eine prima
Abkürzung. Wir Elefanten kennen uns aus!"

Und schon marschieren sie los. Dichtes Un-
terholz ist kein Problem für die Elefanten. Wie
Bulldozer bahnen sie sich einen Weg durchs
Gestrüpp. Und schneller als gedacht erreichen
sie Omamas Gemüsegarten.

„Da sind sie ja!" Omama und Opapa sind über-
glücklich.

„Und jetzt wird gefeiert!", ruft Tafiti.

„Ran ans Büfett", johlt Pinsel.

Das lassen sich die anderen nicht zweimal
sagen.

Fräulein Ottilie schiebt sich einen Kuchen
nach dem anderen ins Maul. Leben retten
lohnt sich!

Als alle
schließlich
satt sind und
die Teller leer,
gibt es noch ein-
mal ein Ständchen.
Das weckt endlich Kuku-
kifuku auf. Der arme Kerl war eingeschlafen.
Aber nun ist ja sowieso fast Zeit zum Auf-
stehen. Zumindest für Erdferkel.

Tutu darf seine Geschenke auspacken.

„Eine Flöte", ruft er begeistert und beginnt
gleich, mit den Elefanten Musik zu machen.

74

So wird getanzt, gespielt und gelacht, bis die Sonne am Horizont versinkt und der Mond am Himmel leuchtet.

„Was für ein schönes Geburtstagsfest!", findet Tutu und gähnt. „Nur leider etwas kurz."

„Dann feiern wir morgen gleich nochmal", schlägt Tafiti vor. „Und zwar den ganzen langen Tag!"

„Au ja", grunzt Pinsel. „Mit allem Drum und Dran!"

„Auch mit Geburtstagstorte?", erkundigt sich
Fräulein Ottilie.

„Natürlich!", ruft Omama.

„Ihr kommt doch alle?", fragt Tutu.

„Was für eine Frage!", trötet Mama Matemba.

Denn gegen eine zweite Geburtstagsparty
hat niemand etwas einzuwenden.
Wirklich kein Einziger!

Julia Boehme studierte Literatur- und Musikwissenschaft und arbeitete danach als Redakteurin beim Kinderfernsehen. Eines Tages fiel ihr ein, dass sie als Kind unbedingt Schriftstellerin werden wollte. Wie konnte sie das bloß vergessen? Auf der Stelle beschloss sie, jetzt nur noch zu schreiben. Seitdem denkt sie sich ein Kinderbuch nach dem anderen aus.

Julia Ginsbach wurde 1967 in Darmstadt geboren. Nach ihrer Schulzeit studierte sie Musik, Kunst und Germanistik. Heute arbeitet sie als freie Illustratorin und lebt mit ihrer Familie und vielen Tieren auf einem alten Pfarrhof in Norddeutschland.